Spelling Workbook

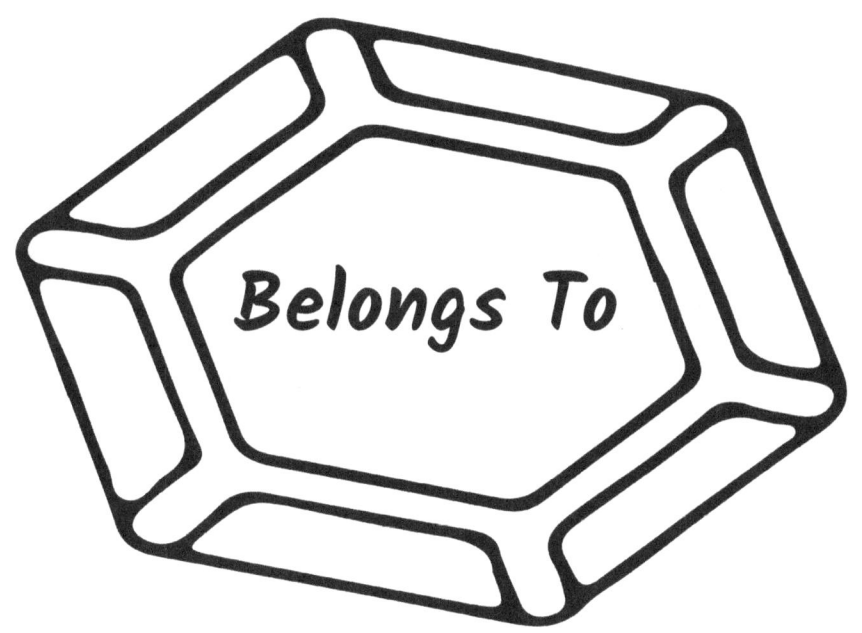

Belongs To

 _____

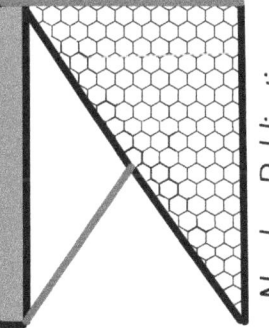

Newbee Publications

Copyright © 2022 Newbee Publication

ALL RIGHTS RESERVED

This book may not be reproduced or transmitted in any form or by any means, electronic or mechanical, without written permission from the author.

"At NewBee Publications, we're committed to excellence in our work. If you find any typos or printing errors in our publications, please email us, and we'll swiftly rectify them. Your feedback plays a vital role in our continuous improvement."

9 781914 419287

How to use this Spelling Workbook

This is a simple spelling Practice workbook; the examples and instructions are given in the first lesson. Word search solutions are given at the end of the book. There are a few things to keep in mind

1. Practice when you are ready to learn.

2. Do not cheat from google; try to use your brain.

3. Avoid completing at one go; take your time.

4. Do not use mobile and any digital device to find the meaning; use a dictionary.

5. You can photocopy pages to practice again for your learning, or you can buy part 2 when you finish this one.

Lesson 1

Re-write Words

Accomplish			
Accurate			
Acquire			
Achieve			
Barely			
Benefit			

Find Letters

Accomplish	g a p s c c n o d m j a p e l w p i t s o p h n p i
Accurate	g r o j n b A m q c l b p c t s u w r o j a v t e k n
Acquire	z a m b c e q a n h d s r u e i b r m k e a j t w i
Achieve	L k j i a l n d m c s h k i o q e t d v x y e h g d n
Barely	A b d l b d g i a l p t r n g h t q x e f l n c j k t y p
Benefit	B p s e m k l q o n e f j c d i h a u r t d l e p w b

Find Meanings from Dictionary and write them here

Accomplish _____

Accurate _____

Acquire _____

Achieve _____

Barely _____

Benefit _____

Write out these words in Capital letters

accomplish _____

accurate _____

acquire _____

achieve _____

barely _____

benefit _____

Write out the Synonyms and Antonyms of these words

	Synonyms	Antonyms
Accomplish		
Accurate		
Acquire		
Achieve		
Barely		
Benefit		

Match the Unscramble Words

Accomplish   eefbtin   ......Benefit..........

Accurate   eqrcaui   ....

Acquire   eyrbal   ....

Achieve   ohlccmapis   ....

Barely   tcaruace   ....

Benefit   eahciev   ....

Fill the blanks and Make the sentences using above words

1. Students who _____ an acceptable standard will progress to degree studies.

2. People doing yoga _____ from an increased feeling of well-being.

3. It would be difficult to make an _____ forecast.

4. The hills were _____ visible through the mist.

5. You can _____ anything if you believe in it.

6. The only way to _____ the impossible is to believe that it is possible.

Match the words to the shape

Accomplish, Accurate, Acquire, Achieve, Barely, Benefit

B a r e l y

Wordsearch

Puzzle #1

```
M C Y Q A M T I H W U R F J N
S B B E N E F I T Q I A K I D F
H Z F L J Q R B T Z P R Z R K A
K K H S K R G P I K V I H Y G C
I P M R U I K Q F G I Z R Y Z K
U U L X R C K E U E U Q L P D S
Z Q F R D Q T U V R W E G Y O W
X V M L Q A O E A G R V R O G X
L F P N R D I P O A F F K J U D
K B B U D H V T B B L T X P G L
Y Q C F C U X P M G M R E G C W
Y C B A U A C Q U I R E W K B H
A Z A Y B W A C C O M P L I S H
G T J C H F U R R C P E B B R T
R X U Q V G S L Q P J K F A G Y
Z J R G I L I X N Y E J Y I T P
```

ACCOMPLISH   ACCURATE
ACHIEVE   ACQUIRE
BARELY   BENEFIT

What rhymes with these words

Accomplish	Abolish, Amish….
Accurate	Aggregate, coagulate ….
Acquire	
Achieve	
Barely	
Benefit	

Find hidden words

Accomplish	Polish, soap, camp
Accurate	Rate, accur ….
Acquire	
Achieve	
Barely	
Benefit	

Re-write Words 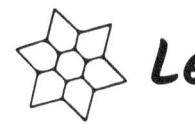 Lesson 2

Alliance			
Alleged			
Beam			
Beast			
Chronic			
Chaos			

Find Letters

Alliance	M g A p s l m l d g j i a p e n s w p c t x e p l n
Alleged	g r o j n b A m q u l b p c l s e w t g j e v r d n
Beam	z w m B i e k a n h d s r u e c b r m k o a j t w
Beast	L k j i B l n d m e s l k r a q w d i x y s h g d n t
Chronic	A b d l C d g i h p r s o g h n q x i f h n c j k t p
Chaos	B p s C m k l q o n e h j c d l h a u r t o d l s p w

Find Meanings from Dictionary and write them here

Alliance _____

Alleged _____

Beam _____

Beast _____

Chronic _____

Chaos _____

Write out these words in Capital letters

alliance _____

alleged _____

beam _____

beast _____

chronic _____

chaos _____

Write out the Synonyms and Antonyms of these words

	Synonyms	Antonyms
Alliance		
Alleged		
Beam		
Beast		
Chronic		
Chaos		

Match the Unscramble Words

Alliance	lladeeg	………………………
Alleged	nrccoih	………………………
Beam	staeb	………………………
Beast	acsoh	………………………
Chronic	cnaielal	………………………
Chaos	meba	………………………

Fill the blanks and Make the sentences using above words

1. The countries formed an _____ to work together on economic and security issues.
2. The police arrested the _____ thief after receiving multiple reports from witnesses.
3. The sun's golden _____ shone through the trees, creating a beautiful pattern on the ground.
4. The _____ in the horror movie was a terrifying creature with sharp fangs and claws.
5. His _____ cough had been bothering him for years, and he couldn't find relief.
6. The _____ in the classroom erupted when the teacher left the room unexpectedly.

Match the words to the shape

Alliance, Alleged, Beam, Beast, Chronic, Chaos

Wordsearch

Puzzle # 2

V	L	P	R	U	W	T	S	Z	T	Y	R	Q	I	K	A
I	P	R	E	K	H	S	B	Q	E	Z	G	C	T	S	K
Q	K	M	J	E	Z	J	I	K	U	L	I	Y	R	M	A
L	V	P	E	H	C	S	N	O	F	N	J	D	X	H	G
J	E	L	J	S	M	S	G	G	O	V	N	H	C	L	W
S	X	N	U	O	E	K	S	R	C	Z	H	U	K	T	U
S	Q	Q	W	M	Y	T	H	M	F	F	E	P	K	U	W
L	Q	Q	A	R	A	C	L	N	A	E	H	Y	N	H	X
N	P	E	L	S	A	L	B	W	C	C	H	A	O	S	S
M	B	V	G	M	B	T	L	N	S	A	Z	I	K	J	B
Q	F	E	H	F	P	K	A	E	E	F	D	E	I	B	P
F	H	L	A	X	E	I	U	V	G	N	S	D	O	I	T
J	Z	O	Q	S	L	N	D	V	L	E	V	T	X	Y	E
F	E	S	R	L	T	D	D	U	C	Z	D	D	H	C	K
B	I	L	A	C	I	E	J	I	C	Z	X	L	R	Z	C
C	W	O	K	I	P	Q	S	U	B	E	H	O	Z	I	E

ALLEGED   ALLIANCE
BEAM   BEAST
CHAOS   CHRONIC

What rhymes with these words

Alliance _____

Alleged _____

Beam _____

Beast _____

Chronic _____

Chaos _____

Find hidden words

Alliance _____

Alleged _____

Beam _____

Beast _____

Chronic _____

Chaos _____

Re-write Words  Lesson 3

Assist			
Alcove			
Barrow			
Buried			
Content			
Conclude			

Find Letters

Assist	M g A p s n m s d g j i a p e k s w p i t x o p l n
Alcove	g r o j n b A m q u l b p c t s r w l o j a v r e k n
Barrow	z w m B i e k a n h d s r u e c b r m k o a j t w i
Buried	L k j i B l n d m u s l k r o q w t d i x y e h g d n t
Content	A b d l C d g i o l p t s n g h t q x e f h n c j k t p
Conclude	B p s C m k l q o n e f j c d l h a u r t f d l e p w b

Find Meanings from Dictionary and write them here

Assist _____

Alcove _____

Barrow _____

Buried _____

Content _____

Conclude _____

Write out these words in Capital letters

assist _____

alcove _____

barrow _____

buried _____

content _____

conclude _____

Write out the Synonyms and Antonyms of these words

	Synonyms	Antonyms
Assist		
Alcove		
Barrow		
Buried		
Content		
Conclude		

Match the Unscramble Words

Assist	onettcn	....
Alcove	ibedur	....
Barrow	nceduocl	....
Buried	istsas	....
Content	vealco	....
Conclude	arrbwo	....

Fill the blanks and Make the sentences using above words

1. The successful applicant will _____ the publicity manager.
2. I would like to _____ by saying that I do enjoy your idea.
3. The bodies _____ in the fine ash slowly decayed.
4. The old man lifted the _____ and trundled it away.
5. I'm perfectly _____ just to lie in the sun.
6. The bookcase fits neatly into the _____.

Match the words to the shape

Assist, Alcove, Barrow, Buried, Content, Conclude

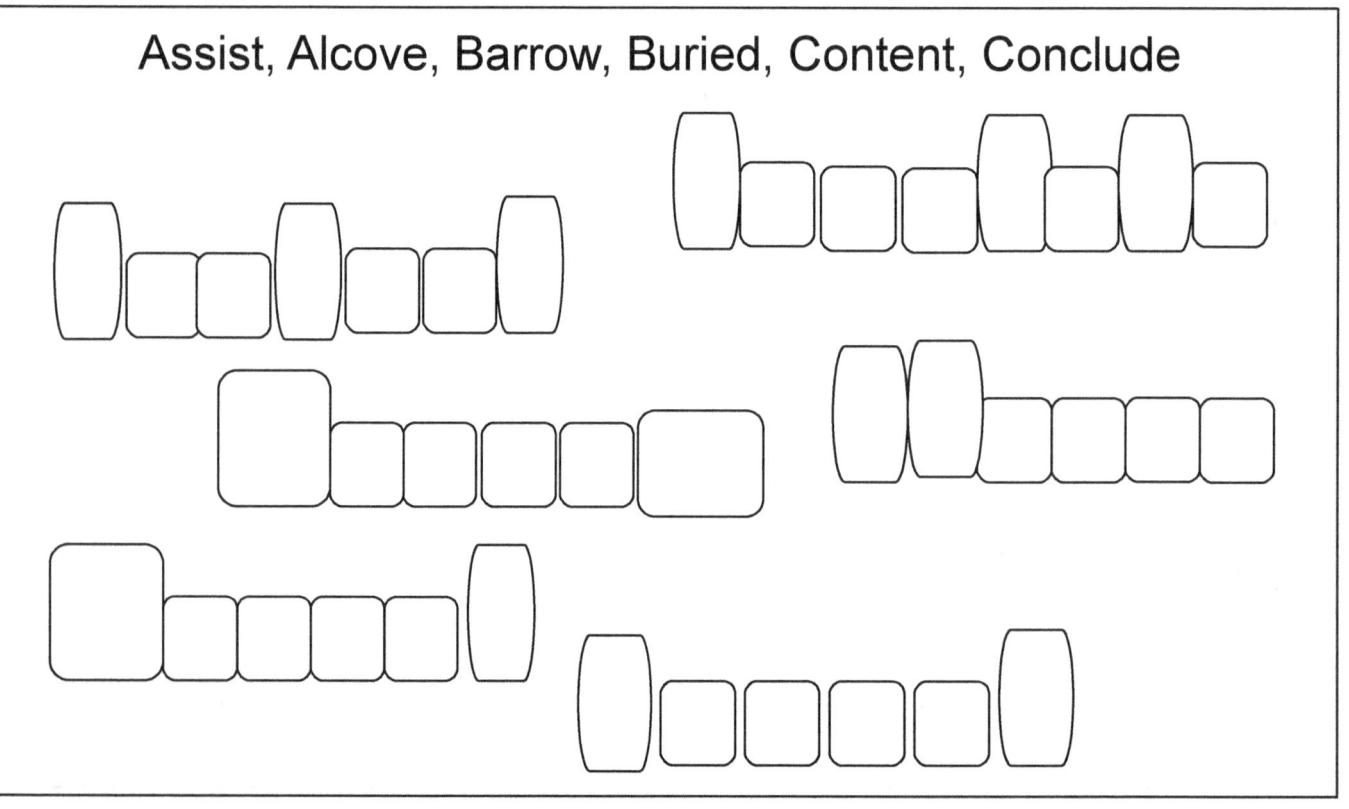

Wordsearch

Puzzle # 3

```
Y Z Q P E C B K S E M Z U V N M
O W P H J A T P Z B L K W I T R
Z L M Y X A A V T U X W I S H K
N B E H B A R G Z R O P I D J V
K X F I N E F G K R T S D G J H
P I Q W B O M F R N S E B B V O
S Z G K Y F M A E A F V H E S U
W O F O P T B T N K I Z H K E I
D X O I Q M N G I G A U H D D Z
X N O W L O C W L U T H U G N T
O W G D C W E S I T D L L B W O
R Z K T D V X T T E C X B L Q Z
P Y P X O Y W J I N Y Z S J J W
O E Y C E P E R O H N I D F U W
M W L R D G U C A R R L W B R F
U A G W O B K P Q P W M Q D T M
```

ALCOVE   ASSIST
BARROW   BURIED
CONCLUDE   CONTENT

What rhymes with these words

Assist _____

Alcove _____

Barrow _____

Buried _____

Content _____

Conclude _____

Find hidden words

Assist _____

Alcove _____

Barrow _____

Buried _____

Content _____

Conclude _____

Lesson 4

Re-write Words

Abstract			
Applause			
Began			
Believe			
Critic			
Cliché			

Find Letters

Abstract	M g A p s b m s d g j t a p e k r w p a x c p l n t
Applause	g r o j n b A m p u l b p c l s r w l a j u v s e k n
Began	z w m B i e k a n h d s r g u e c b r a k o a j t n i
Believe	L k j i B l n d m e s l k r i o q w t d e x y v h g e n t
Critic	A b d l C d g r i o l p t s i g h t q x e f h n c j k t p
Cliché	B p s C m k l q i n e f j c d l h a u r t f d l e p w b

Find Meanings from Dictionary and write them here

Abstract _____

Applause _____

Began _____

Believe _____

Critic _____

Cliché _____

Write out these words in Capital letters

abstract _____

applause _____

began _____

believe _____

critic _____

cliché _____

Write out the Synonyms and Antonyms of these words

	Synonyms	Antonyms
Abstract		
Applause		
Began		
Believe		
Critic		
Cliché		

Match the Unscramble Words

Abstract	leveieb	....
Applause	éichcl	....
Began	critic	....
Believe	pslepaau	....
Critic	ebang	....
Cliché	ttcsbraa	....

Fill the blanks and Make the sentences using above words

1. It has become a _____ to say that Prague is the most beautiful city in Europe.

2. The audience _____ clapping and cheering.

3. Sheila got a round of _____ when she finished.

4. You have to _____ in yourself. That's the secret of success.

5. Mr Masack is an outspoken _____ of the present government.

6. Modern _____ art is outside my province.

Match the words to the shape

Abstract, Applause, Began, Believe, Critic, Cliché

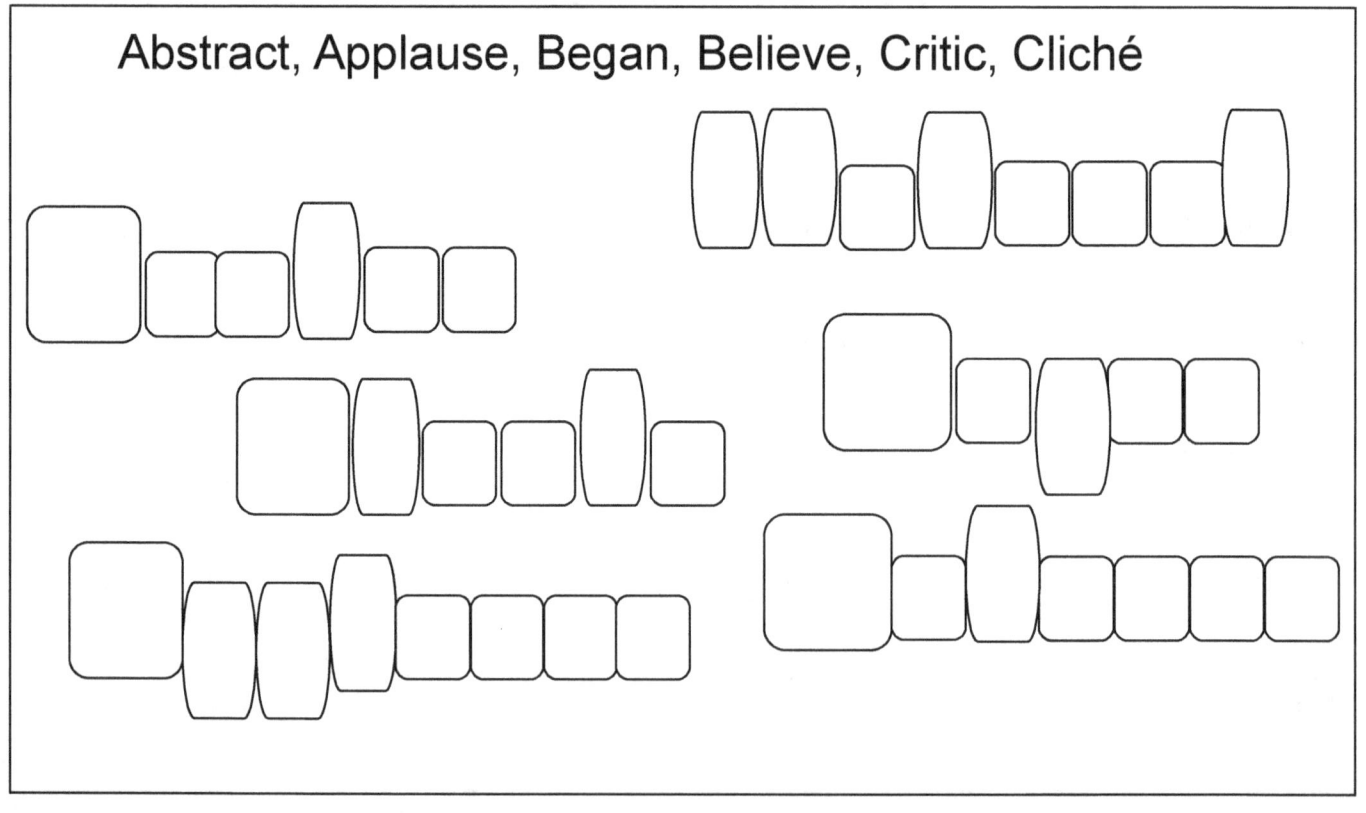

Wordsearch

Puzzle # 4

E	C	X	P	W	L	J	N	S	Z	X	W	W	S	H	B
I	Q	B	B	Y	R	G	X	G	Q	Y	H	U	W	E	F
A	X	O	V	Q	K	D	F	U	U	Z	O	B	S	I	A
J	B	D	N	H	X	B	B	I	E	K	H	U	T	G	G
B	H	S	G	A	Z	N	D	K	A	E	A	Z	W	J	Q
G	N	P	T	G	X	V	Y	M	Z	L	R	L	W	O	P
N	B	P	T	R	O	U	L	Y	P	U	X	P	P	H	N
K	E	C	F	F	A	S	A	P	C	U	J	A	K	K	N
N	G	V	L	V	R	C	A	U	R	R	L	H	K	C	X
R	A	K	L	I	R	F	T	F	I	V	K	E	U	U	O
L	N	X	Q	U	C	U	R	H	T	F	L	I	P	L	I
K	K	U	L	B	H	H	Z	D	I	J	G	P	E	Y	L
Y	A	N	V	C	O	L	V	J	C	Y	P	U	P	B	N
F	C	S	D	O	J	G	U	N	M	G	E	Q	R	B	S
G	D	S	H	K	G	N	C	I	C	W	A	Y	C	Z	M
M	Y	S	K	I	X	W	H	B	E	L	I	E	V	E	S

ABSTRACT   APPLAUSE
BEGAN   BELIEVE
CLICHÉ   CRITIC

What rhymes with these words

Abstract _____

Applause _____

Began _____

Believe _____

Critic _____

Cliché _____

Find hidden words

Abstract _____

Applause _____

Began _____

Believe _____

Critic _____

Cliché _____

Lesson 5

Re-write Words

Abroad			
Aloud			
Bias			
Busy			
Chorus			
Column			

Find Letters

Abroad	M g A p s b m s d g j r p o k s a p i t x o p d l n
Aloud	g r o j n b A m q u l b p c t s r w l o j a u r e k d
Bias	z w m B i e k a n h d s r u e c b r m k o a j t w i
Busy	L k j i B l n d m u l k r o s w t d i x y e h g d n t l
Chorus	A b d l C d g i l h t s n g o t q r e f h u c j s r t m
Column	B p s C m k l q o n e f j c d l h a u r t m d l e n p

Find Meanings from Dictionary and write them here

Abroad _____

Aloud _____

Bias _____

Busy _____

Chorus _____

Column _____

Write out these words in Capital letters

abroad _____

aloud _____

bias _____

busy _____

chorus _____

column _____

Write out the Synonyms and Antonyms of these words

	Synonyms	Antonyms
Abroad		
Aloud		
Bias		
Busy		
Chorus		
Column		

Match the Unscramble Words

Abroad	sybu	....
Aloud	uonmCl	....
Bias	obaard	....
Busy	uaold	....
Chocus	isab	....
Column	shccou	....

Fill the blanks and Make the sentences using above words

1. She writes a regular _____ for a national newspaper.

2. I heard him suddenly laugh _____.

3. The committee are _____ laying down a general policy.

4. Your plan of going _____ is an audacious decision.

5. The proposal was greeted with a _____ of approval.

6. Students were evaluated without _____ or favoritism.

Match the words to the shape

Abroad, Aloud, Bias, Busy, Chorus, Column

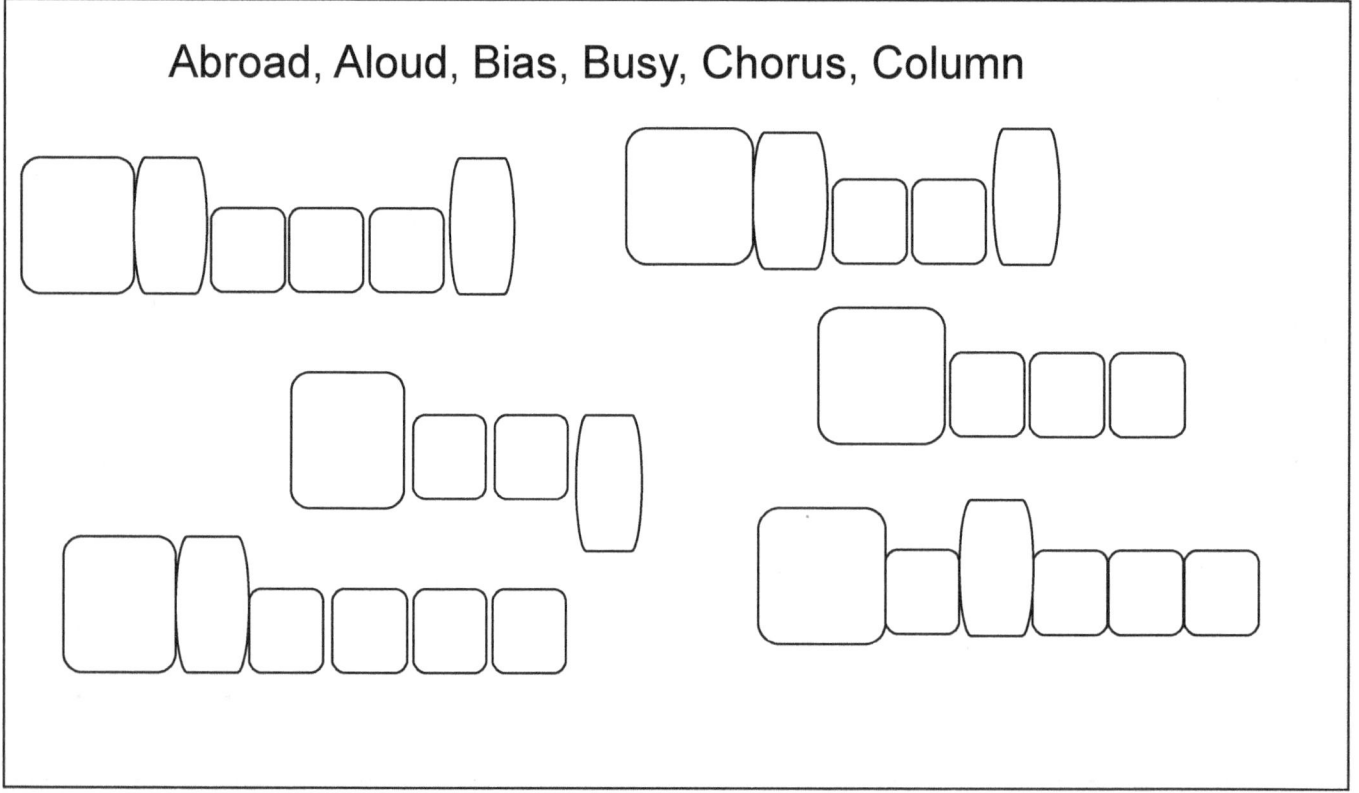

Wordsearch
Puzzle # 5

ABROAD ALOUD
BIAS BUSY
CHORUS COLUMN

What rhymes with these words

Abroad _____

Aloud _____

Bias _____

Busy _____

Chorus _____

Column _____

Find hidden words

Abroad _____

Aloud _____

Bias _____

Busy _____

Chorus _____

Column _____

Lesson 6

Re-write Words

Costume			
Custom			
Digest			
Disperse			
Enquire			
Equal			

Find Letters

Costume	m g A p s c m d g j r p o k s t p i u x o m d l e n
Custom	g r o j n c A m q u l b p c s r w l t o j a m r e k d
Digest	z w m d b i e k a n g r u e s b r m k o a j t w i p
Disperse	l k j i d l n i m u s k r o p w e d i x r e s g e n t n
Enquire	a b d l e d g n l h q s n g u t q i e f h r c j s e t i
Equal	b p s e m k l q o n e f j u d l h a u r t m d l e n p

Find Meanings from Dictionary and write them here

Costume _____

Custom _____

Digest _____

Disperse _____

Enquire _____

Equal _____

Write out these words in Capital letters

costume _____

custom _____

digest _____

disperse _____

enquire _____

equal _____

Write out the Synonyms and Antonyms of these words

	Synonyms	Antonyms
Costume		
Custom		
Digest		
Disperse		
Enquire		
Equal		

Match the Unscramble Words

costume	speidrse	....
custom	reenuqi	....
digest	lequa	....
disperse	eustcom	....
enquire	sctomu	....
equal	stgdei	....

Fill the blanks and Make the sentences using above words

1. Police were called to _____ the angry crowd.

2. The judge awarded both finalists _____ points.

3. The _____ has continued from the 15th century downward.

4. Jack did not _____ when making his booking.

5. The dancers were all in _____ on National day celebration.

6. Lion cannot eat plants because their GIT cannot _____ them effectively.

Match the words to the shape

Costume, Custom, Digest, Disperse, Enquire, Equal

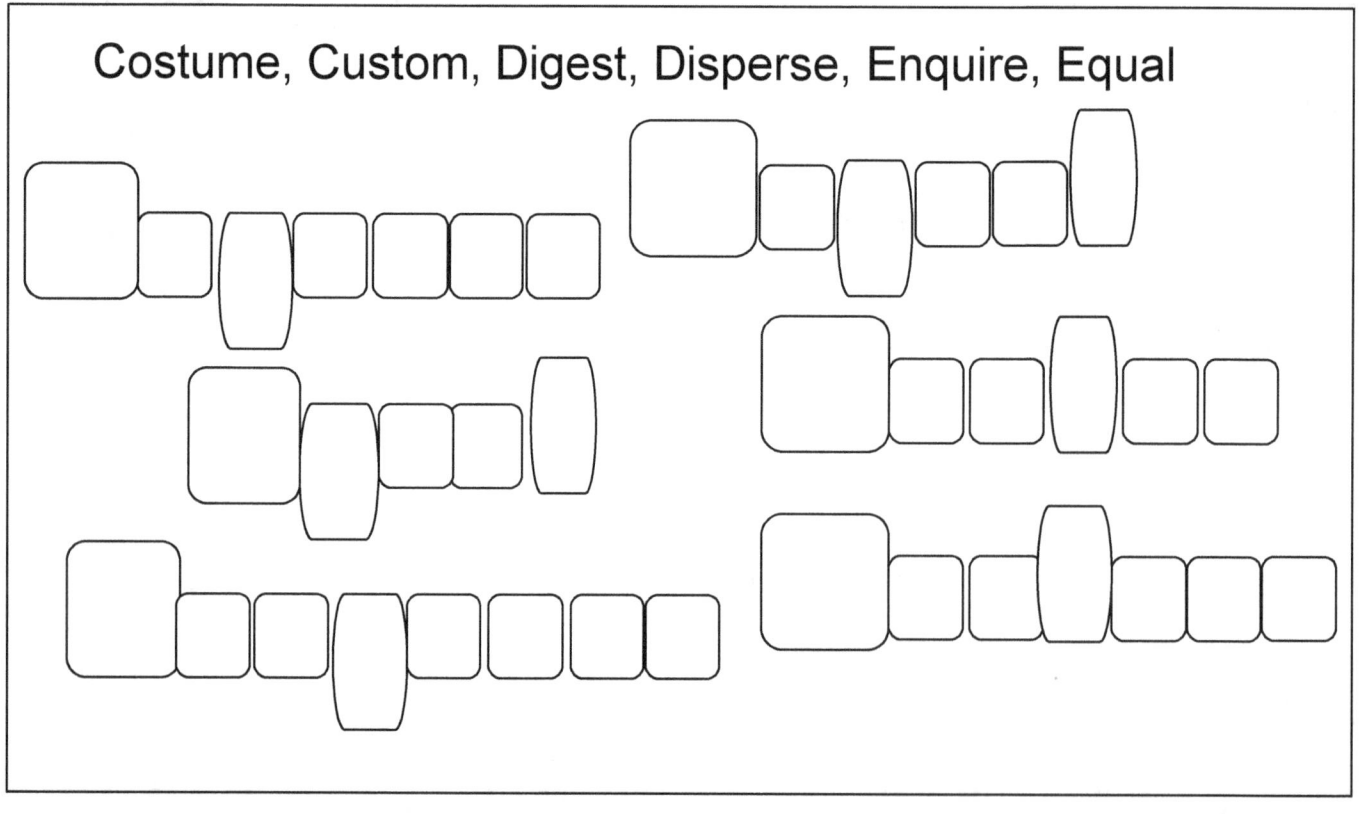

Wordsearch

Puzzle # 6

```
D R J D H E A Y H U R F O K R V
W Q A X P D F K E D Y T S D C C
S N F K Q X T L X B P D Z I Z Z
G Z X E N Q U I R E T I W S S Z
D A N I C U S T O M V G N P Z P
H T K E Q U B D H F L E R E Q T
Q B B D Z Y J Q B V Q S Y R F G
V D N E O X F C I E X T D S W W
J I J P A W R N Y N J C Y E R Q
X D W A V R C E Q U A L F H N L
M G Z N C O S T U M E G U S J T
Q S M V T R W W S T M X A X I Y
I H L O B M E X V I V I T E B E
T Z B O E G W D X K P Q B K H F
I V A P L K E D N R E R I X J Z
J P Z X F J Q N A G P E S G S F
```

COSTUME
DIGEST
ENQUIRE

CUSTOM
DISPERSE
EQUAL

What rhymes with these words

Costume _____

Custom _____

Digest _____

Disperse _____

Enquire _____

Equal _____

Find hidden words

Costume _____

Custom _____

Digest _____

Disperse _____

Enquire _____

Equal _____

Lesson 7

Re-write Words

Castle			
County			
Design			
Diamond			
Effort			
Extract			

Find Letters

Castle	m g A p s c m a g j r p o k s t p i u x o m d l e
County	g r o j n c A o q u l b p c s r n l t o j a m r y k d
Design	z w m d b e k a n g s u i s b r g k o a j t w i n m
Diamond	l k j i d l n i m u a k r p m e d i o r e n g e d t i
Effort	a b d l e d g n l f q s n g u f q i o f h r c j s e t i
Extract	b p s e m k l x o n e f t u d r h a u r c m d l t i m

Find Meanings from Dictionary and write them here

Castle _____

County _____

Design _____

Diamond _____

Effort _____

Extract _____

Write out these words in Capital letters

castle _____

county _____

design _____

diamond _____

effort _____

extract _____

Write out the Synonyms and Antonyms of these words

	Synonyms	Antonyms
Castle		
County		
Design		
Diamond		
Effort		
Extract		

Match the Unscramble Words

Castle	eidgsn	....
County	andoimd	....
Design	rexcatt	....
Diamond	ortffe	....
Effort	lcsate	....
Extract	ucoytn	....

Fill the blanks and Make the sentences using above words

1. Mother flavours her custards with lemon_____.

2. The _____ ring is the most expensive.

3. Our school won the _____ football shield this year.

4. We have made a conscious_____ to devolve responsibility.

5. A _____ flaw caused the engine to explode.

6. The _____ receives a steady stream of visitors.

Match the words to the shape

Castle, County, Design, Diamond, Effort, Extract

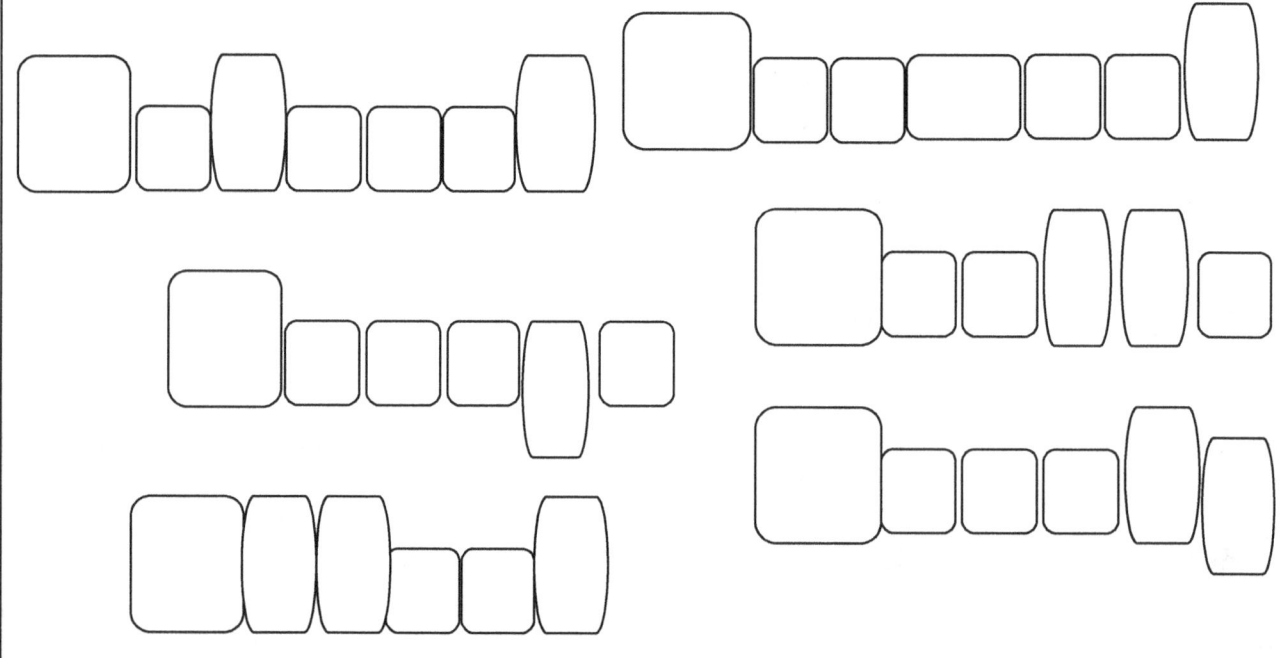

Wordsearch

Puzzle # 7

```
C W F Q R I L N K T I N S Q C F
B E F F O R T E X T R A C T O X
R I Z D R D P O D G F I E A V P
W X Q Y E T Z J M U L D G V E I
D O C V L S Y N F Q F G W Y N U
A I U I F T I X S R E C T S J W
R O H V K D H G Z B V N K O L J
J W X Z R R L X N F U L A H C E
A Q H N X Q N V O O P Q G L S U
U Q W F M V E J C H L K E W L M
P D I A M O N D P W G H Z F J C
U T V Z M H P K C Q V U B D U N
O S H C A S T L E L N L X J C C
C H O S I S K D A J Q I L P S B
T M A T Q A S R A I M C D A T J
Q V N R S H P M W O A J U N L G
```

CASTLE
DESIGN
EFFORT

COUNTY
DIAMOND
EXTRACT

What rhymes with these words

castle _____

county _____

design _____

diamond _____

effort _____

extract _____

Find hidden words

castle _____

county _____

design _____

diamond _____

effort _____

extract _____

Lesson 8

Re-write Words

Denial			
Describe			
Easel			
Employ			
Friction			
Function			

Find Letters

Denial	m g A p d c m e g j r p n k s t p i u x a m d l e
Describe	g r o j n c d o q u e b p s c r n l t o i a b r y e d
Easel	z w m d b e k a n g s u i e b r g k o a j l w i n
Employ	l k j i e l n i m u a k r p m e l i o r e n y e d t i
Friction	a f d l e d g r l f q i n c u t q i o f h r n j s e t i
Function	b p s f m k l x o u e f t n d c t a u i c m o l i n

Find Meanings from Dictionary and write them here

Denial _____

Describe _____

Easel _____

Employ _____

Friction _____

Function _____

Write out these words in Capital letters

denial _____

describe _____

easel _____

employ _____

friction _____

function _____

Write out the Synonyms and Antonyms of these words

	Synonyms	Antonyms
Denial		
Describe		
Easel		
Employ		
Friction		
Function		

Match the Unscramble Words

Denial	ifnoirtc	....
Describe	nfoicunt	....
Easel	rbeidcse	....
Employ	ldniae	....
Friction	aeles	....
Function	pleymo	....

Fill the blanks and Make the sentences using above words

1. When you rub your hands together the _____ produces heat.

2. I'll set up my _____ and paint a masterpiece!

3. Words cannot _____ the beauty of the scene.

4. The chairman of the company issued a _____ of the allegations.

5. The_____ of the heart is to pump blood through the body.

6. Our company cannot progress until we _____ more people.

Match the words to the shape

Denial, Describe, Easel, Employ, Friction, Function

Wordsearch

Puzzle # 8

```
C F R J R U F O M N W W J D S R
H N D K U P T J I B M A F Z S U
U Y Q H V E R Z F U N C T I O N
L D J O L J G Y S U A C J V X O
M C L E V W D Y W F H H D N L N
U T S N Q J E D M R I L Q Z B B
V A C F M A S U J I H E C B I Y
E R H U B P C I T C U M H G T Y
P S X L P Z R S J T Y P M A V Z
X H B U X M I X K I U L Q C P W
V L Q T G Q B Y I O Y O H D B N
N F E I V O E P D N Q Y A H F K
P E U Z W A O K N D D F X C V W
N V E D E N I A L I N K O Y N G
L M I U Q V H S J O S E C T C R
U V V S B P G M M I Y N Z G V M
```

DENIAL
EASEL
FRICTION

DESCRIBE
EMPLOY
FUNCTION

What rhymes with these words

Denial _____

Describe _____

Easel _____

Employ _____

Friction _____

Function _____

Find hidden words

Denial _____

Describe _____

Easel _____

Employ _____

Friction _____

Function _____

Lesson 9

Re-write Words

Dispatch			
Display			
Exchange			
Enough			
Future			
Futile			

Find Letters

Dispatch	m g A p d c m i g j s p k a t p i u c a m d h e f
Display	g r o j n c d o q u i b s c r n p t o i l b a y e d p
Exchange	z w e d b x k a n g c u h e a r g k n a g l w e n
Enough	l k j i e l n i m o a k u p m e l g o r e h y e d t i
Future	a f d l u d g r l f q t n c u q i o f r n j s e t i m n
Futile	b p s f m k l x o u e f t n d c i a u c m o l i n e b

Find Meanings from Dictionary and write them here

Dispatch _____

Display _____

Exchange _____

Enough _____

Future _____

Futile _____

Write out these words in Capital letters

dispatch _____

display _____

exchange _____

enough _____

future _____

futile _____

Write out the Synonyms and Antonyms of these words

	Synonyms	Antonyms
Dispatch		
Display		
Exchange		
Enough		
Future		
Futile		

Match the Unscramble Words

Dispatch	gchnexae	....
Display	letfiu	....
Exchange	turfeu	....
Enough	atipschd	....
Future	ydaispl	....
Futile	nhuoeg	....

Fill the blanks and Make the sentences using above words

1. The latest _____ was held up for three hours at the border.

2. He mustered up _____ courage to attack the difficulty.

3. The president described these activities as _____.

4. The climax of the Carnival celebration was a firework_____.

5. Conor is very optimistic about the _____.

6. Euro is expected to fall in the foreign _____ markets.

Match the words to the shape

Dispatch, Display, Exchange, Enough, Future, Futile

Wordsearch

Puzzle # 9

```
L P P O V Q L D C K Q N F Z I O
O H F S E X C H A N G E W G Q A
Z W F G U A Z K Q Q F H K I I W
N V W S Y V R J W E Z W X E L M
M N V A J Z L P L U Y V G P H N
R Z W I K W E I A D L Z H H T K
S W K T J R T C W Z P S U Y U N
R B V V U U Z G J N W B A I I G
T S A T F M H D J B F L Y P O Z
R A U V E J Y G H T P S U D V C
D F S A Q H G G K S O M Q H C I
J I R M V Q U K I P Z D X F Q A
J G U G S O I D I J Z V M M M V
B J M I N E D I S P A T C H A Z
H S K E H H L N L R F J Y C V F
T P J D S I U L P W K T F G Z F
```

DISPATCH
ENOUGH
FUTILE

DISPLAY
EXCHANGE
FUTURE

What rhymes with these words

Dispatch _____

Display _____

Exchange _____

Enough _____

Future _____

Futile _____

Find hidden words

Dispatch _____

Display _____

Exchange _____

Enough _____

Future _____

Futile _____

Lesson 10

Re-write Words

Examine			
Executive			
Fibre			
Fabric			
Graphic			
Global			

Find Letters

Examine	m g e p d x m i g j a p m a t p i u c a n d h e
Executive	g r o j e c d x q u e b s c r u p t o i l b v y e d
Fibre	z w e d f x k a n g i u h e a b g k r a g l w e i
Fabric	l k j i f l n i m o a k u b m e l g o r e i y e c d t
Graphic	a f d l u d g r l f q t n c a q o p h r n i s c t i m
Global	b p s g m k l x o u e f b n d c i a u c m o l i n

Find Meanings from Dictionary and write them here

Examine _____

Executive _____

Fibre _____

Fabric _____

Graphic _____

Global _____

Write out these words in Capital letters

examine _____

executive _____

fibre _____

fabric _____

graphic _____

global _____

Write out the Synonyms and Antonyms of these words

	Synonyms	Antonyms
Examine		
Executive		
Fibre		
Fabric		
Graphic		
Global		

Match the Unscramble Words

Examine	rabifc	....
Executive	picragh	....
Fibre	llogab	....
Fabric	xaenmie	....
Graphic	irefb	....
Global	veeiutxec	....

Fill the blanks and Make the sentences using above words

1. This book gave a _____ description of the war.

2. Big companies that are insensitive to _____ changes will lose sales.

3. Shauna has set up her own _____ recruitment business in Paris.

4. Fruit and vegetables are high in _____ content.

5. This_____ can withstand steam and high temperatures.

6. Customers have only a limited amount of time to _____ the goods.

Match the words to the shape

Examine, Executive, Fibre, Fabric, Graphic, Global

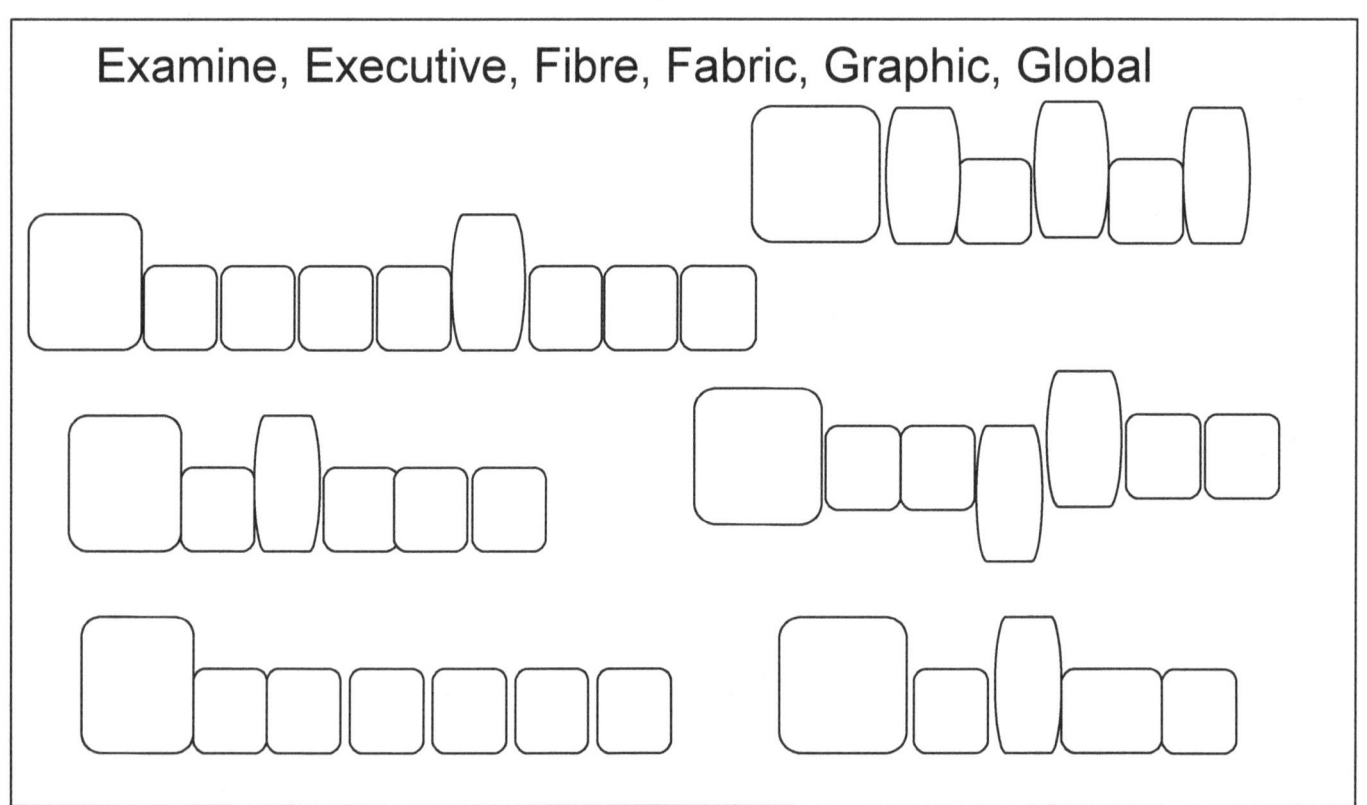

Wordsearch

Puzzle # 10

P	Y	U	A	X	J	A	J	T	N	W	V	L	C	B
U	W	U	F	I	O	W	X	P	U	G	W	V	V	A
Y	P	H	Z	R	F	O	C	N	E	S	L	G	E	Q
L	J	F	I	O	I	I	Z	N	A	C	B	N	O	P
V	Y	Y	V	C	R	P	I	V	J	E	M	G	M	R
L	T	W	P	B	H	M	G	C	N	I	P	V	Y	A
V	H	W	A	J	A	Z	X	P	V	Q	T	E	E	W
T	I	F	V	X	L	F	T	O	R	J	E	N	F	Q
H	E	X	E	C	U	T	I	V	E	H	H	V	U	M
V	H	A	X	G	L	O	B	A	L	N	A	L	Z	I
I	T	F	S	Y	U	N	N	G	N	H	Z	V	H	H
Q	T	C	P	S	S	U	M	D	U	V	J	P	N	T
J	Y	V	F	U	U	G	L	E	M	G	A	K	L	T
U	J	X	B	B	N	W	F	I	B	R	E	A	V	L
H	S	I	K	Z	M	O	H	K	G	H	F	Z	I	Z
C	T	R	N	Z	H	C	D	O	W	W	X	Q	A	M

EXAMINE   EXECUTIVE
FABRIC   FIBRE
GLOBAL   GRAPHIC

What rhymes with these words

Examine _____

Executive _____

Fibre _____

Fabric _____

Graphic _____

Global _____

Find hidden words

Examine _____

Executive _____

Fibre _____

Fabric _____

Graphic _____

Global _____

Lesson 11

Re-write Words

Faulty			
Forget			
Genre			
Gesture			
Humid			
Hygiene			

Find Letters

Faulty	m g e f d x m i g j a p m u p i u l c a t d h y
Forget	g r o j e c f x q u o b s c r u g e i l b v t e d n
Genre	z w e d f x k a n g i u h e a b g n r a g l w e
Gesture	l k j i f g n i m e a k s u n t e l d u i y r c d e
Humid	a f d l u d h r l f q t u c a q i o p m r n i s c d
Hygiene	b p s h m k l x o y e f b g d c i e u c n o l e n

Find Meanings from Dictionary and write them here

Faulty _____

Forget _____

Genre _____

Gesture _____

Humid _____

Hygiene _____

Write out these words in Capital letters

faulty _____

forget _____

genre _____

gesture _____

humid _____

hygiene _____

Write out the Synonyms and Antonyms of these words

	Synonyms	Antonyms
Faulty		
Forget		
Genre		
Gesture		
Humid		
Hygiene		

Match the Unscramble Words

Faulty	uretesg	....
Forget	muhid	....
Genre	ieeyngh	....
Gesture	ytfalu	....
Humid	ertgof	....
Hygiene	eeg nr	....

Fill the blanks and Make the sentences using above words

1. Tokyo is very _____ in summer.

2. Poor _____ led to high mortality among children.

3. The novel is not merely one _____ among other genres.

4. The machine won't work because of a _____ connection.

5. If you fail, don't _____ to learn your lesson.

6. She gave a kind _____ by holding the door open for the elderly man..

Match the words to the shape

Faulty, Forget, Genre, Gesture, Humid, Hygiene

Wordsearch

Puzzle #11

```
Z R R K F C P I S I J O I P E U
F C I N I A A X L Y Z O P F K T
S P B R C T N M A T S C C O M Y
E M P S Z G P I E P Q W I Y B W
N N M G D C D G T Z F N T S W J
T Z Y E M E R X G M S L C M T V
K T V S X O W C W Y U I C A J O
F M M T F I A W Z A V S F V X F
M N T U R H M B F I J S G L O U
A S P R E M A T V Q M I E T X A
S Y H E W Z V X N C N W N Z B V
Z F E V U F G T U D P G R V T Y
N J X P B T R Z D X C O E I V I
C I K R W H U M I D R X G R J L
B J R F U T H G X Z T Z M M S E
O N Y G S H Y G I E N E B G N N
```

FAULTY
GENRE
HUMID

FORGET
GESTURE
HYGIENE

What rhymes with these words

Faulty _____

Forget _____

Genre _____

Gesture _____

Humid _____

Hygiene _____

Find hidden words

Faulty _____

Forget _____

Genre _____

Gesture _____

Humid _____

Hygiene _____

Lesson 12

Re-write Words

Happen			
Hazard			
Inspire			
Injured			
Journey			
Journal			

Find Letters

Happen	m g e h d x m i a j a p m u p i u l e a t d h n y
Hazard	g r o j e h f x a u o b z r u g a i l b v t e r d p n
Inspire	z w i d f x k a n g i u h s a p g n i a g l r w e i
Injured	l k j i f g n i m j a k u n m e r d o r e i y r c d t
Journey	a f d l u d j r l f o t u c a r i o p m r n i s e d i y
Journal	b p s j m k l x o y e f u g d r i e u c n a l e n p

Find Meanings from Dictionary and write them here

Happen _____

Hazard _____

Inspire _____

Injured _____

Journey _____

Journal _____

Write out these words in Capital letters

happen _____

hazard _____

inspire _____

injured _____

journey _____

journal _____

Write out the Synonyms and Antonyms of these words

	Synonyms	Antonyms
Happen		
Hazard		
Inspire		
Injured		
Journey		
Journal		

Match the Unscramble Words

Happen	lajrnou	....
Hazard	dulnrej	....
Inspire	nujoeyr	....
Injured	ahadzr	....
Journey	eapnph	....
Journal	risipne	....

Fill the blanks and Make the sentences using above words

1. The doctor reads the _____ of Medical Science.

2. Stewart was _____ in a collision with another player.

3. Growing levels of pollution represent a serious health _____ to the local population.

4. _____ of a thousand miles begins with single step.

5. Miracles _____ to those who believe in them.

6. The country needs a leader who can _____ its citizens.

Match the words to the shape

Happen, Hazard, Inspire, Injured, Journey, Journal

Wordsearch

Puzzle # 12

```
C C B T L R F T I T A P V W J T
Z I Q C V C O C O O Q C V Q T V
E N H B W L H H A P P E N Y M B
R J H H N O J D P A K M Y U A K
G U M B H B B N R H S E S T Z W
S R O F K J Q U W V N T X T R A
X E R A F W T X S R H T L J G F
Z D E I P T Q F U E A D N K P I
O E K N L W J O B Z Z J H J W U
U H P S P B J U D A A L O O F F
U W P P T Y K J I P R I D U W Q
G F A I G J I W C A D N E R T K
A G L R I G C D S K M F J N Q Y
T M Y E K X X B N S D W H A Q V
C A C L R V K J X V N S A L D O
L V S F Z T H V K L O Q T E X E
```

HAPPEN   HAZARD
INJURED   INSPIRE
JOURNAL   JOURNEY

What rhymes with these words

Happen _____

Hazard _____

Inspire _____

Injured _____

Journey _____

Journal _____

Find hidden words

Happen _____

Hazard _____

Inspire _____

Injured _____

Journey _____

Journal _____

Lesson 13

Re-write Words

Instinct			
Instruct			
Juror			
Justice			
Kind			
Kernel			

Find Letters

Instinct	m g i f d x m n g j a t m u p i u l n c a t d h y
Instruct	g r o j i c f x n u s b t c r u g c i l b v t e d k p
Juror	z w e j f x k a n g i u h e r b o g n r a g l w e i
Justice	l k j i f g n u m e s k t n m i l d o r i y r c d e t
Kind	a f d l u k h r l f q t u c a q i o p m r n i s c d i
Kernel	b p s h m k l x o y e f b r g d n i e u c n o l e n

Find Meanings from Dictionary and write them here

Instinct _____

Instruct _____

Juror _____

Justice _____

Kind _____

Kernel _____

Write out these words in Capital letters

instinct _____

instruct _____

juror _____

justice _____

kind _____

kernel _____

Write out the Synonyms and Antonyms of these words

	Synonyms	Antonyms
Instinct		
Instruct		
Juror		
Justice		
Kind		
Kernel		

Match the Unscramble Words

Instinct	rleken	....
Instruct	ijecsut	....
Juror	tscuritn	....
Justice	sniinttc	....
Kind	uticsje	....
Kernel	inkd	....

Fill the blanks and Make the sentences using above words

1. Reserved memory for things like the _____ and libraries.

2. _____ has prevailed; the guilty man has been punished.

3. Life is like music. It must be composed by ear, feeling and _____, not by rule.

4. The editor could then _____ staff to upload them for approval.

5. _____ words are worth much and cost little.

6. The law imposes upon each grand _____ a strict obligation of secrecy.

Match the words to the shape

Instinct, Instruct, Juror, Justice, Kind, Kernel

Wordsearch

Puzzle # 13

G	G	L	N	T	L	E	K	T	M	R	U	E	Y	P	U
L	A	J	I	I	N	G	T	V	U	X	T	C	I	U	A
P	H	Y	S	N	C	Z	D	M	O	C	Q	L	L	Z	S
D	H	O	Z	D	Q	K	J	D	N	I	K	M	X	O	Q
F	P	T	A	I	N	J	S	I	G	V	X	S	F	A	D
D	R	O	Q	G	D	C	T	E	V	E	U	R	Q	N	B
C	I	U	H	G	Y	S	Q	I	A	E	B	R	F	A	F
S	N	K	W	F	N	M	E	T	C	I	M	T	C	Y	F
R	S	A	O	I	R	A	A	I	B	D	C	C	Q	G	F
Q	T	V	U	R	R	K	T	V	C	Q	V	R	A	J	H
O	R	J	I	X	U	S	P	B	V	O	H	G	N	N	J
H	U	U	V	H	U	R	H	N	T	R	Q	J	J	D	H
E	C	R	X	J	D	C	E	R	X	L	G	O	N	W	T
Z	T	O	W	B	V	O	O	W	K	V	P	I	G	U	S
G	G	R	K	E	R	N	E	L	L	R	K	V	A	J	B
N	H	M	T	A	U	Y	N	Z	L	U	S	D	Z	Q	V

INSTINCT   INSTRUCT
JUROR   JUSTICE
KERNEL   KIND

What rhymes with these words

Instinct _____

Instruct _____

Juror _____

Justice _____

Kind _____

Kernel _____

Find hidden words

Instinct _____

Instruct _____

Juror _____

Justice _____

Kind _____

Kernel _____

Lesson 14

Re-write Words

Judicial			
Jargon			
Keen			
Kneel			
Legend			
Legacy			

Find Letters

Judicial	m g i j d u m n g d a t m i p c u l n i a t d l y
Jargon	g r o j i c f x n a s b t c r u g c i l b o t e d n i
Keen	z w e j f x k a n g e u h e r b o g n r a g l w e
Kneel	l k j i f g n u m e s k t n m e l d o r i y r c d e
Legend	a f d l u k h e l f q t g c a q e o p m r n i s c d
Legacy	b p s h m k l x o y e f b r g d n a e u c n o l y

Find Meanings from Dictionary and write them here

Judicial _____

Jargon _____

Keen _____

Kneel _____

Legend _____

Legacy _____

Write out these words in Capital letters

judicial _____

jargon _____

keen _____

kneel _____

legend _____

legacy _____

Write out the Synonyms and Antonyms of these words

	Synonyms	Antonyms
Judicial		
Jargon		
Keen		
Kneel		
Legend		
Legacy		

Match the Unscramble Words

Judicial	leenk	....
Jargon	yeaclg	....
Keen	ijcduali	....
Kneel	eendgl	....
Legend	ganjor	....
Legacy	neke	....

Fill the blanks and Make the sentences using above words

1. It is difficult to separate _____ from truth.

2. The _____ of Ancient Rome represented the overwhelming influence on Romanesque architecture.

3. Companies are increasingly _____ to contract out peripheral activities like training.

4. A _____ discretion is the essence of real justice.

5. You are here to _____ Where prayer has been valid.

6. It is essential to avoid the use of _____.

Match the words to the shape

Judicial, Jargon, Keen, Kneel, Legend, Legacy

Wordsearch

Puzzle # 14

```
E J H A X Z X H O S X O J D M R
X J A R G O N W X L M J L S U T
Y T K P X M A U A E B I A K S P
J V I A E U M R B Z H E G F T B
B U S X P L A R T B W X E N E L
V Q D B W V V P L P D H U B U Q
V U G I C I K E E N M E S T N F
S Y W S C D K W G D D M H O S A
N N Z A H I S X E V S T T W G G
W L K W F O A J N W U D S A H E
Z E N E Y B H L D E Y P U I J F
N G E J W N Z B O J D P X V H F
Z A E V D K C H F W T V X N R R
M C L D E Z S M H Q N E F L G A
I Y X S Q D W A Y P S N S E E K
R W P U W J C X D R D O G E N Z
```

JARGON JUDICIAL
KEEN   KNEEL
LEGACY LEGEND

What rhymes with these words

Judicial _____

Jargon _____

Keen _____

Kneel _____

Legend _____

Legacy _____

Find hidden words

Judicial _____

Jargon _____

Keen _____

Kneel _____

Legend _____

Legacy _____

Lesson 15

Re-write Words

Leap			
Lead			
Mandate			
Manipulate			
Negotiate			
Neutral			

Find Letters

Leap	m g i f d l m n g j e t m u p i u l n c a t d p y
Lead	g r o j i c f x l u s b t e r u g c a l b v t e d k p
Mandate	z m e j f x k a n g i u d e r b o g n r a g t w e
Manipulate	l k j m f g a u n a s k t m i l p o r u l r c a d t e
Negotiate	a f d l n k h e l f g t u c o q i t p m i n a s t e n
Neutral	b p s h n k l x o y f b r g d i e u n t l r e a n l p

Find Meanings from Dictionary and write them here

Leap _____

Lead _____

Mandate _____

Manipulate _____

Negotiate _____

Neutral _____

Write out these words in Capital letters

leap _____

lead _____

mandate _____

manipulate _____

negotiate _____

neutral _____

Write out the Synonyms and Antonyms of these words

	Synonyms	Antonyms
Leap		
Lead		
Mandate		
Manipulate		
Negotiate		
Neutral		

Match the Unscramble Words

Leap	ednmaat	....
Lead	ietoagent	....
Mandate	tunalre	....
Manipulate	adel	....
Negotiate	lepa	....
Neutral	ileamnupat	....

Fill the blanks and Make the sentences using above words

1. The athlete had to _____ over the high bar to clear it in the high jump event.
2. She was chosen to _____ the team as their captain due to her strong leadership skills.
3. The government issued a new _____ requiring everyone to wear masks in public places.
4. He tried to _____ the situation by twisting the facts and deceiving others.
5. The two countries decided to sit down and peacefully _____ their trade agreements.
6. Switzerland has a long history of remaining politically _____ in international conflicts.

Match the words to the shape

Leap, Lead, Mandate, Manipulate, Negotiate, Neutral

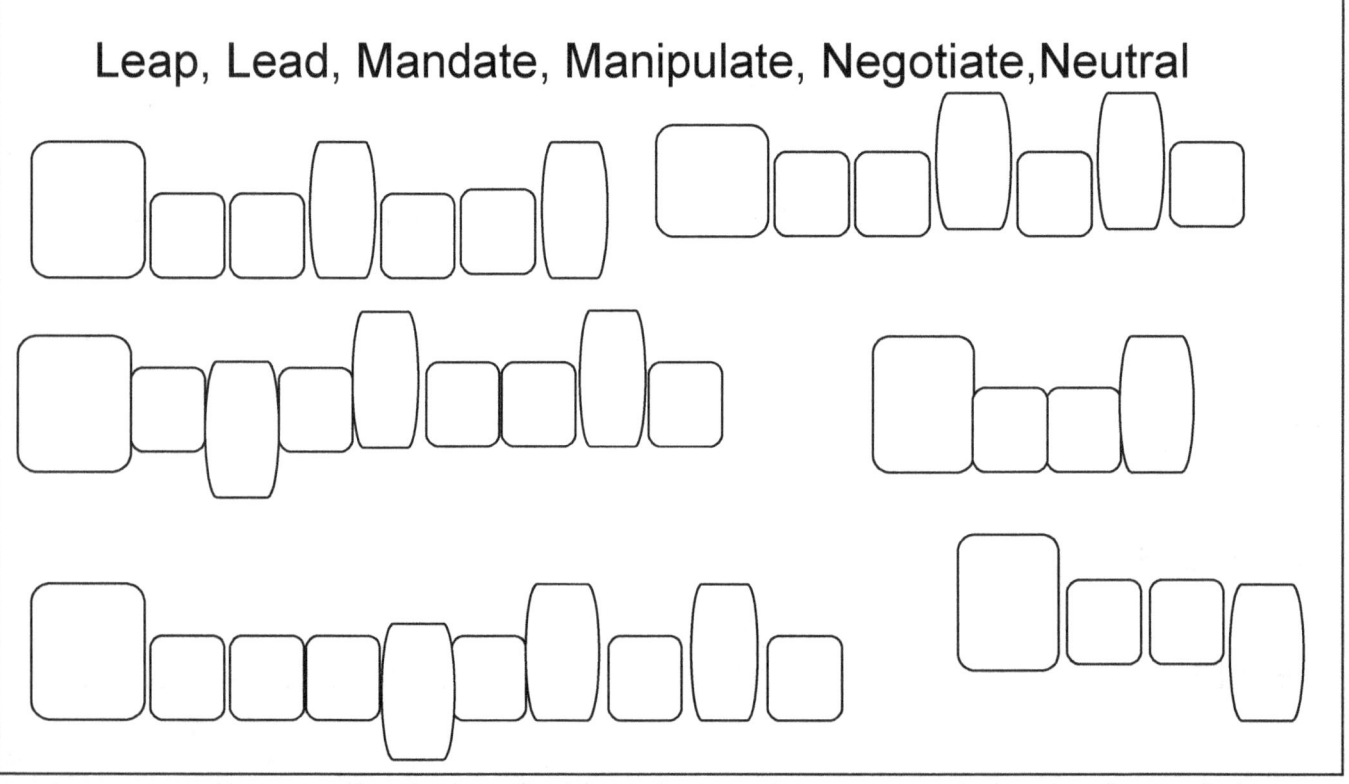

Wordsearch
Puzzle # 15

```
E G D L F J O G Q X O Z K N U L
O M N L M Y Z S S X D M V I X L
I D N K S R F O I L C S A D R V
M V L B I H R H L Z E L R D D O
F G M U Z R O Y F F G A E R P Y
U R J A E M U J G L F B D A B N
W Q X N N Z R U K N B D M W P E
U B G X E D O W C A G H M R L U
L D F D J W A U M H L B F Y G T
Y H Y G P B N T X P B J F X L R
H Y U Y W K N O E N Z K L R K A
N M A N I P U L A T E M U B H L
S A K B Q D B T Z S D U J Q A B
R A X T I U L K P R J T K Y C S
I F A H N E G O T I A T E P L E
G W Z E E K P N F N C C Q E X Q
```

LEAD
MANDATE
NEGOTIATE

LEAP
MANIPULATE
NEUTRAL

What rhymes with these words

Leap _____

Lead _____

Mandate _____

Manipulate _____

Negotiate _____

Neutral _____

Find hidden words

Leap _____

Lead _____

Mandate _____

Manipulate _____

Negotiate _____

Neutral _____

Lesson 16

Re-write Words

Legitimate			
Legislature			
Migrate			
Minority			
Novel			
Notion			

Find Letters

Legitimate	m g i f d l m e n g j i t u p i u m n c a t d e y
Legislature	g r o j l c f x e u s b t g r u i c s l b a t u r e p
Migrate	z m e j f x k a n i u d e r b o g n r a t w e n t
Minority	l k j m f g a u n i s k t m n l p o r u l i c d t y
Novel	a f d l n k h e l f o t u c v q i t p m e n a s l e
Notion	b p s h n k l x o y f b r g t i e u o t l r e a n l m

Find Meanings from Dictionary and write them here

Legitimate _____

Legislature _____

Migrate _____

Minority _____

Novel _____

Notion _____

Write out these words in Capital letters

legitimate _____

legislature _____

migrate _____

minority _____

novel _____

notion _____

Write out the Synonyms and Antonyms of these words

	Synonyms	Antonyms
Legitimate		
Legislature		
Migrate		
Minority		
Novel		
Notion		

Match the Unscramble Words

Legitimate	otinno	....
Legislature	iyriomtn	....
Migrate	leovn	....
Minority	suetargleil	....
Novel	miietltage	....
Notion	imretga	....

Fill the blanks and Make the sentences using above words

1. Most doctors appear to recognize homeopathy as a _____ form of medicine.

2. The conference adopted a document on _____ rights.

3. The _____ passed a law to prohibit the dumping of nuclear waste.

4. The traditional _____ of marriage goes back thousands of years.

5. The _____ has been translated into many languages.

6. Most birds have to fly long distances to _____.

Match the words to the shape

Legitimate, Legislature, Migrate, Minority, Novel, Notion

Wordsearch

Puzzle # 16

```
I Q J O M Q Y Z O G G C U Z Z J
S L G X R P S Z V M I O D T U G
S E B R R H A S M P O Y Y I R O
J G L A Y E U W R O N I H H E X
I I M K N Q L J H O N Z L T U I
R S P I C N O V E L E K A P B R
R L E H N A H S P X J M W S H C
Q A C W C O P A S X I O B J U K
I T M M F R R Y M T N Q U C A S
Y U I H D N G I I D O C U H J A
J R G G I O V G T D T I K S N F
E E R E L D E T I Y I B I W F Y
F S A U M L L O Z C O Q L N X I
P V T D L H R L K P N G R O K F
I T E N M V D N V B R I U I Y T
O T H Q F U H D L B L J B W F Z
```

LEGISLATURE
MIGRATE
NOTION

LEGITIMATE
MINORITY
NOVEL

What rhymes with these words

Legitimate _____

Legislature _____

Migrate _____

Minority _____

Novel _____

Notion _____

Find hidden words

Legitimate _____

Legislature _____

Migrate _____

Minority _____

Novel _____

Notion _____

Lesson 17

Re-write Words

Momentum			
Mission			
Necessity			
Numerous			
Obligation			
Observation			

Find Letters

Momentum	m g i f d l o m j e t n u p i t n u c a t d m y p
Mission	g r o j i c f m l u i b s e r u s g c i l b o t n d k
Necessity	z m e j f n k e n g i c d e r b s s g n r i g t w y
Numerous	l k j m f g n u a s m t k e l p r o u l r s d t e p l
Obligation	a f d l o k b e l f i g t i c o a i t p m i n o s n e k
Observation	O b p s h n e l x o y f b r g v i a u t l i e o a n m

Find Meanings from Dictionary and write them here

Momentum _____

Mission _____

Necessity _____

Numerous _____

Obligation _____

Observation _____

Write out these words in Capital letters

momentum _____

mission _____

necessity _____

numerous _____

obligation _____

observation _____

Write out the Synonyms and Antonyms of these words

	Synonyms	Antonyms
Momentum		
Mission		
Necessity		
Numerous		
Obligation		
Observation		

Match the Unscramble Words

Momentum	reusuonm	....
Mission	etssiceny	....
Necessity	venotobsria	....
Numerous	tnummoem	....
Obligation	ssiniom	....
Observation	aigotbniol	....

Fill the blanks and Make the sentences using above words

1. I was compelled to do so by absolute _____.

2. A powerful sense of _____ underpins everything he does.

3. Most information was collected by direct _____ of the animals' behaviour.

4. A lawyer owes an _____ of confidence to the client.

5. The _____ awards on the walls bear witness to his great success.

6. We have to keep the _____ of our sales operation going.

Match the words to the shape

Momentum, Mission, Necessity, Numerous, Obligation, Observation

Wordsearch

Puzzle # 17

```
C C N G C I G W M A T A X N K H
P F M U I X U D I W K Z C O M S
H E O O H L N K S C E V C B C K
V N M Q K U X J S R J J Y L R H
B L E S W R A M I G Q I N I U F
B F N M D U S X O H Q O S G C E
S I T D D T A F N M I U N A N J
Y M U Y C A Y T U T O Q K T G C
T Y M I T X W W A R Q M J I R C
P N J M Q D F V E U C N H O P J
O W J K A M R M K B Y Z Y N B E
T Z H W W E U H S A Z C C Z V L
T J Y R S N N O U X D M S W Y E
I T T B Q G N E C E S S I T Y R
P Z O H L O O X C C V W I P O J
I X S W S S Q R M X O X X M V N
```

MISSION
NECESSITY
OBLIGATION

MOMENTUM
NUMEROUS
OBSERVATION

What rhymes with these words

Momentum _____

Mission _____

Necessity _____

Numerous _____

Obligation _____

Observation _____

Find hidden words

Momentum _____

Mission _____

Necessity _____

Numerous _____

Obligation _____

Observation _____

Lesson 18

Re-write Words

Miracle			
Modest			
Nevertheless			
Nimbus			
Organic			
Oversee			

Find Letters

Miracle	m g i f d l m n g i e t r u p i a n c a l d e y i
Modest	g r o m i c f x o u s d t e r u g s a l b v t e d
Nevertheless	z n e j f x v e n g i r d t h o g e r l g e s s w
Nimbus	l k j m f g a u n a s k i m i b p o r u l r s d t
Organic	a f o l n k h r l f g t u a o q i t p n i a s t e c
Oversee	b p o h n v l x e y f b r g s i e u n t l r e a n l

Find Meanings from Dictionary and write them here

Miracle _____

Modest _____

Nevertheless _____

Nimbus _____

Organic _____

Oversee _____

Write out these words in Capital letters

miracle _____

modest _____

nevertheless _____

nimbus _____

organic _____

oversee _____

Write out the Synonyms and Antonyms of these words

	Synonyms	Antonyms
Miracle		
Modest		
Nevertheless		
Nimbus		
Organic		
Oversee		

Match the Unscramble Words

Miracle	nbmsu	....
Modest	ncaoigr	....
Nevertheless	rsoeeev	....
Nimbus	ralimec	....
Organic	oedmts	....
Oversee	seveehltsern	....

Fill the blanks and Make the sentences using above words

1. Her recovery from the accident was nothing short of a medical _____.
2. Despite his incredible talent, he remained remarkably _____ and never boasted about his achievements.
3. The weather was cloudy; _____, they decided to go ahead with their outdoor picnic.
4. Dark storm clouds gathered overhead, forming a _____ that threatened rain.
5. Many people prefer to buy _____ produce because it is grown without synthetic chemicals.
6. As the manager, it's your responsibility to _____ the entire project and ensure it runs smoothly.

Match the words to the shape

Miracle, Modest, Nevertheless, Nimbus, Organic, Oversee

Wordsearch

Puzzle # 18

P	I	E	H	D	F	J	T	A	O	I	P	Q	N	H	V
V	U	N	S	C	R	N	C	Y	N	V	E	J	I	D	R
T	Q	I	K	B	R	A	U	B	W	T	H	Y	S	A	H
R	R	M	P	A	Q	V	A	O	V	E	R	S	E	E	R
D	H	B	F	J	W	H	N	G	X	P	E	X	J	D	W
V	B	U	C	O	T	R	R	T	P	L	P	Y	R	X	I
J	M	S	Y	S	D	R	Z	Q	E	O	P	J	S	A	T
M	J	L	E	A	G	W	E	H	M	Z	F	P	A	M	W
V	M	D	R	S	Q	L	T	J	O	U	G	U	S	S	R
Z	O	V	G	K	C	R	E	I	D	E	V	B	G	X	K
M	R	T	L	A	E	O	R	G	A	N	I	C	O	Z	G
V	C	S	R	V	B	W	U	T	A	U	W	M	V	T	G
N	J	I	E	O	I	Z	X	C	A	U	R	I	H	E	I
Q	M	N	X	U	D	H	T	Q	J	M	D	R	R	C	G
K	B	W	E	T	A	J	I	Q	Y	B	C	W	V	Y	J
C	I	S	W	X	J	V	K	N	D	F	D	L	C	K	S

MIRACLE　　　　　　　　　　　MODEST
NEVERTHELESS　　　　　　　NIMBUS
ORGANIC　　　　　　　　　　OVERSEE

What rhymes with these words

Miracle _____

Modest _____

Nevertheless _____

Nimbus _____

Organic _____

Oversee _____

Find hidden words

Miracle _____

Modest _____

Nevertheless _____

Nimbus _____

Organic _____

Oversee _____

Lesson 19

Re-write Words

Overwhelm			
Orientation			
Peasant			
Perception			
Quit			
Quiet			

Find Letters

Overwhelm	m g o f d v m e g r e w h m u p e u l m c a
Orientation	g r o j c f r l u i b t e r n g t a l b v t i d o p n
Peasant	z m e j p x k e n g i u d a r b s g a r n g t w e
Perception	l k j p f g e u r a s k c m i e l p o t u l i c d o n
Quit	a f d l q k h e l f g t u c o q i t p m i n a s t e
Quiet	b p q h n k l x u y i f b r g d p e u n t l r e a n l

Find Meanings from Dictionary and write them here

Overwhelm _____

Orientation _____

Peasant _____

Perception _____

Quit _____

Quiet _____

Write out these words in Capital letters

overwhelm _____

orientation _____

peasant _____

perception _____

quit _____

quiet _____

Write out the Synonyms and Antonyms of these words

	Synonyms	Antonyms
Overwhelm		
Orientation		
Peasant		
Perception		
Quit		
Quiet		

Match the Unscramble Words

Overwhelm	ipnoercetp	....
Orientation	eqitu	....
Peasant	lmhreeowv	....
Perception	uiqt	....
Quit	ttoeiinroan	....
Quiet	stepana	....

Fill the blanks and Make the sentences using above words

1. Discrimination on the grounds of sexual _____ is still far too widespread.
2. We need to gain a clearer _____ of how young people feel about the problem.
3. Anne voice was _____ but every word was distinct.
4. The object world falls back and away, and invasions from the unconscious overtake and _____ one.
5. Economic reform has brought relative wealth to _____ farmers.
6. She _____ herself of all worries and devoted herself to the study of science.

Match the words to the shape

Overwhelm, Orientation, Peasant, Perception, Quit, Quiet

Wordsearch

Puzzle # 19

```
Z P E F O M I F G T R S L X V F
X E P M T F I H U J C S H V K E
D L N I R O Q S D U N C F Q N D
V L U E O V V X N E R P A T K Z
F Q Q H I R P E M W V P M N P H
C C Z O T X I Q R G P X S E B E
P O U V Q Z C E U W Z N E M Y G
Z J Y X Q K P Y N I H L J I T O
O B B S F C F E Q T E E U U Y Z
Y Q Z R M C Z Q A V A T L F Q Y
T E M R E R O J K S J T X M W A
X A S L X R E L B G A S I K M E
F N G Z T M H E E V A N W O Z K
E G P E R C E P T I O N T M N Z
O T D J Z H D Y Z C E Z L N B A
P A Y S L I G T U L W J O C N E
```

ORIENTATION   OVERWHELM
PEASANT   PERCEPTION
QUIET   QUIT

What rhymes with these words

Overwhelm _____

Orientation _____

Peasant _____

Perception _____

Quit _____

Quiet _____

Find hidden words

Overwhelm _____

Orientation _____

Peasant _____

Perception _____

Quit _____

Quiet _____

Lesson 20

Re-write Words

Quote			
Quite			
Reluctant			
Relevant			
Severe			
Several			

Find Letters

Quote	m q i f d l m n g j u t m o p i u l n c a t d p y e
Quite	g r o j i q f x l u s b t e r u g i a l b v t e d k p e
Reluctant	z m r j f x k e n g l u d e c b o t n r a g n t w e
Relevant	l k j r f g e u n l s k t e m i v p o a u l c n d t e
Severe	a f d l n s h e l f g t v c o q e t p m i r n a s t e
Several	b p s h e k l x o y v f b e g d i r u n l r e a n l e

Find Meanings from Dictionary and write them here

Quote _____

Quite _____

Reluctant _____

Relevant _____

Severe _____

Several _____

Write out these words in Capital letters

quote _____

quite _____

reluctant _____

relevant _____

severe _____

several _____

Write out the Synonyms and Antonyms of these words

	Synonyms	Antonyms
Quote		
Quite		
Reluctant		
Relevant		
Severe		
Several		

Match the Unscramble Words

Quote	ealurtnct	....
Quite	elersva	....
Reluctant	eresev	....
Relevant	otque	....
Severe	ueiqt	....
Several	aetvlrne	....

Fill the blanks and Make the sentences using above words

1. Most Shops are often _____ to take back unsatisfactory goods.

2. Anita suffered from _____ depression after losing her Parents.

3. _____ children are away from school because of illness.

4. The water gets _____ shallow towards the shore.

5. Grace worked, to _____ her daughter, "as if there was no tomorrow".

6. Law commissioner demanded the immediate handover of all _____ documents

Match the words to the shape

Quote, Quite, Reluctant, Relevant, Severe, Several

Wordsearch

Puzzle # 20

R	E	L	E	V	A	N	T	A	I	J	O	S	U	F	O
F	P	T	A	T	N	J	D	H	T	F	V	J	G	D	P
Z	E	Q	I	X	O	Q	P	P	T	A	R	L	X	M	U
Y	S	R	B	G	P	R	C	D	W	G	U	J	J	Y	G
N	E	Q	G	P	X	F	U	T	J	I	P	T	G	Q	R
U	V	H	U	H	Y	O	E	R	A	I	Z	X	P	M	E
K	E	G	L	O	A	C	R	I	N	B	R	S	Q	S	L
S	R	Y	G	V	T	Z	H	X	A	R	F	S	J	D	U
X	E	R	M	N	A	E	F	B	R	S	Z	D	H	N	C
E	O	Q	U	I	T	E	E	E	Y	J	E	L	Y	E	T
O	Q	Z	G	V	A	E	Y	R	F	F	Z	E	H	O	A
Q	N	J	A	F	J	Q	J	Y	E	T	M	T	Z	H	N
T	X	C	H	K	X	S	A	Y	Y	W	E	W	F	I	T
J	E	U	B	U	B	Q	P	T	Q	F	G	G	B	M	W
Q	U	Y	O	P	N	B	S	E	V	E	R	A	L	A	T
E	Q	G	H	J	O	S	A	T	U	D	V	R	D	R	R

QUITE
RELEVANT
SEVERAL

QUOTE
RELUCTANT
SEVERE

What rhymes with these words

Quote _____

Quite _____

Reluctant _____

Relevant _____

Severe _____

Several _____

Find hidden words

Quote _____

Quite _____

Reluctant _____

Relevant _____

Severe _____

Several _____

Puzzle #1 - Solution
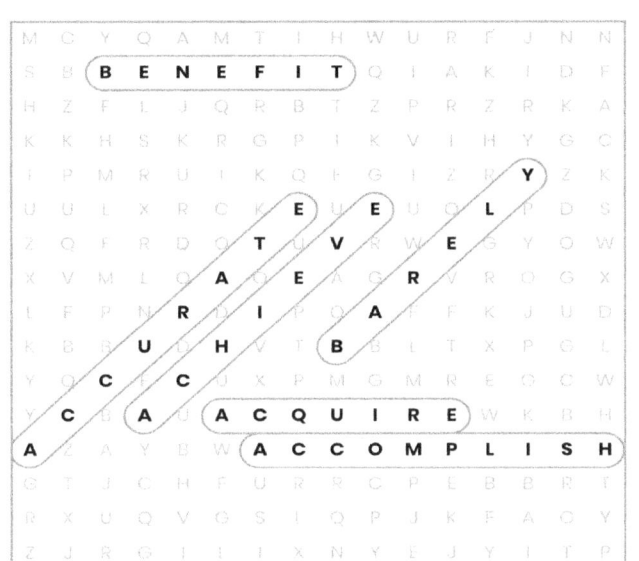

Puzzle #2 - Solution
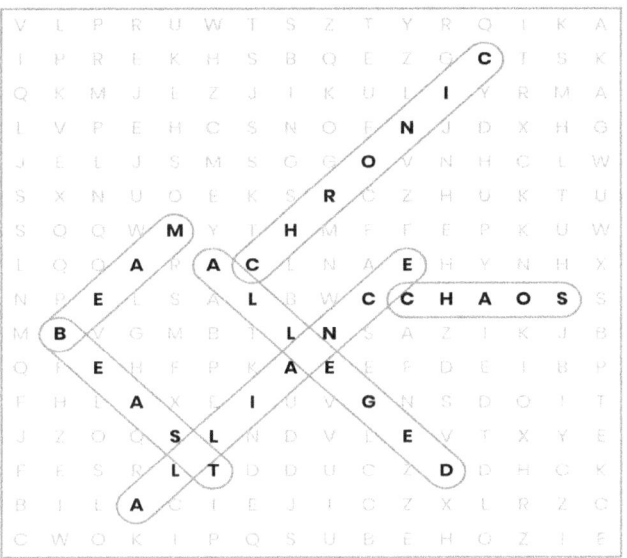

Puzzle #3 - Solution
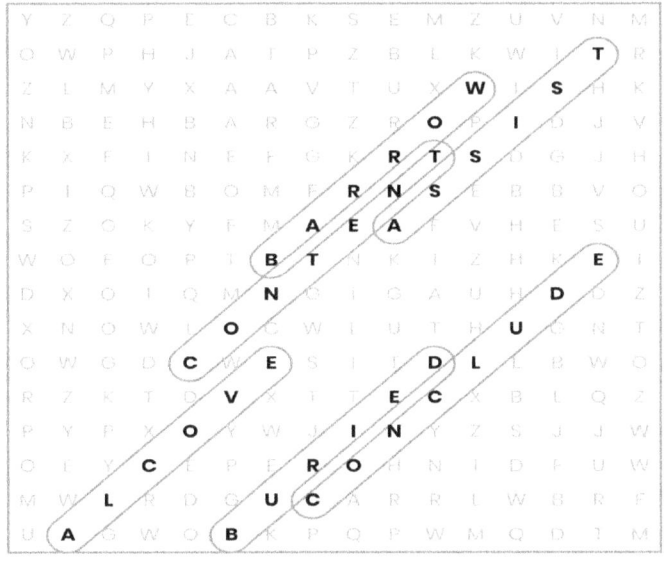

Puzzle #4 - Solution
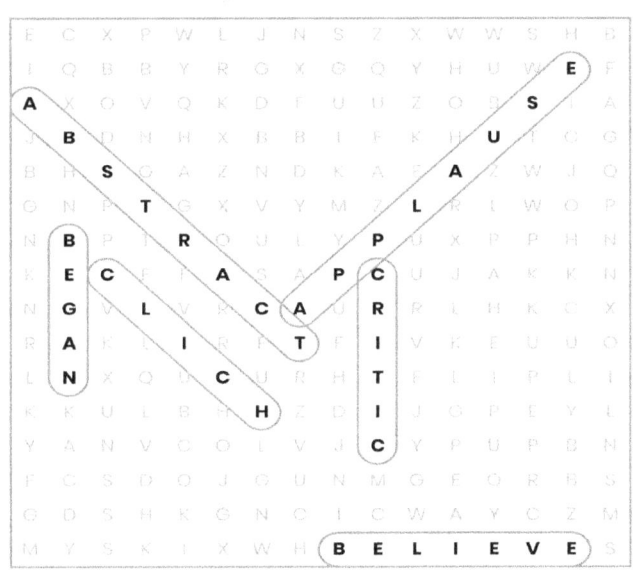

Puzzle #5 - Solution
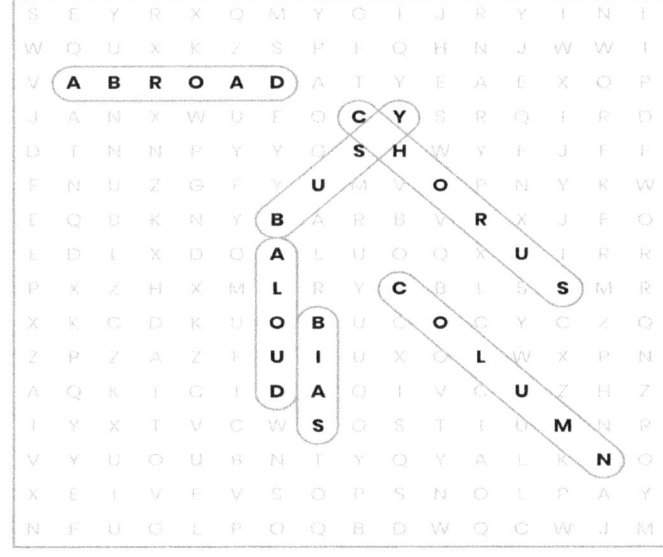

Puzzle #6 - Solution
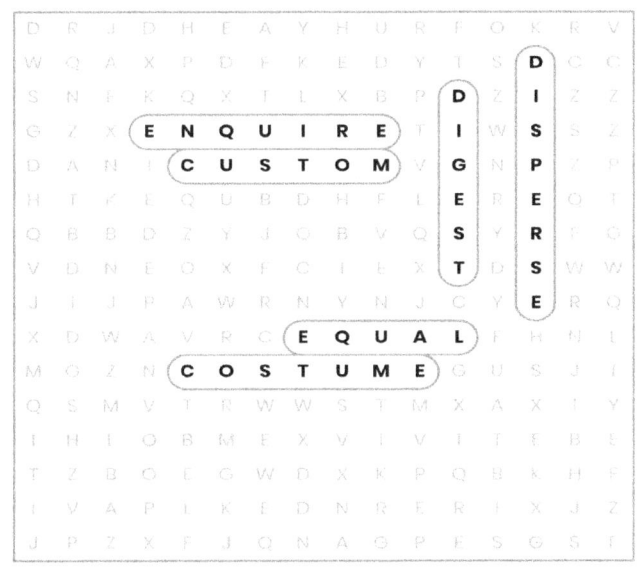

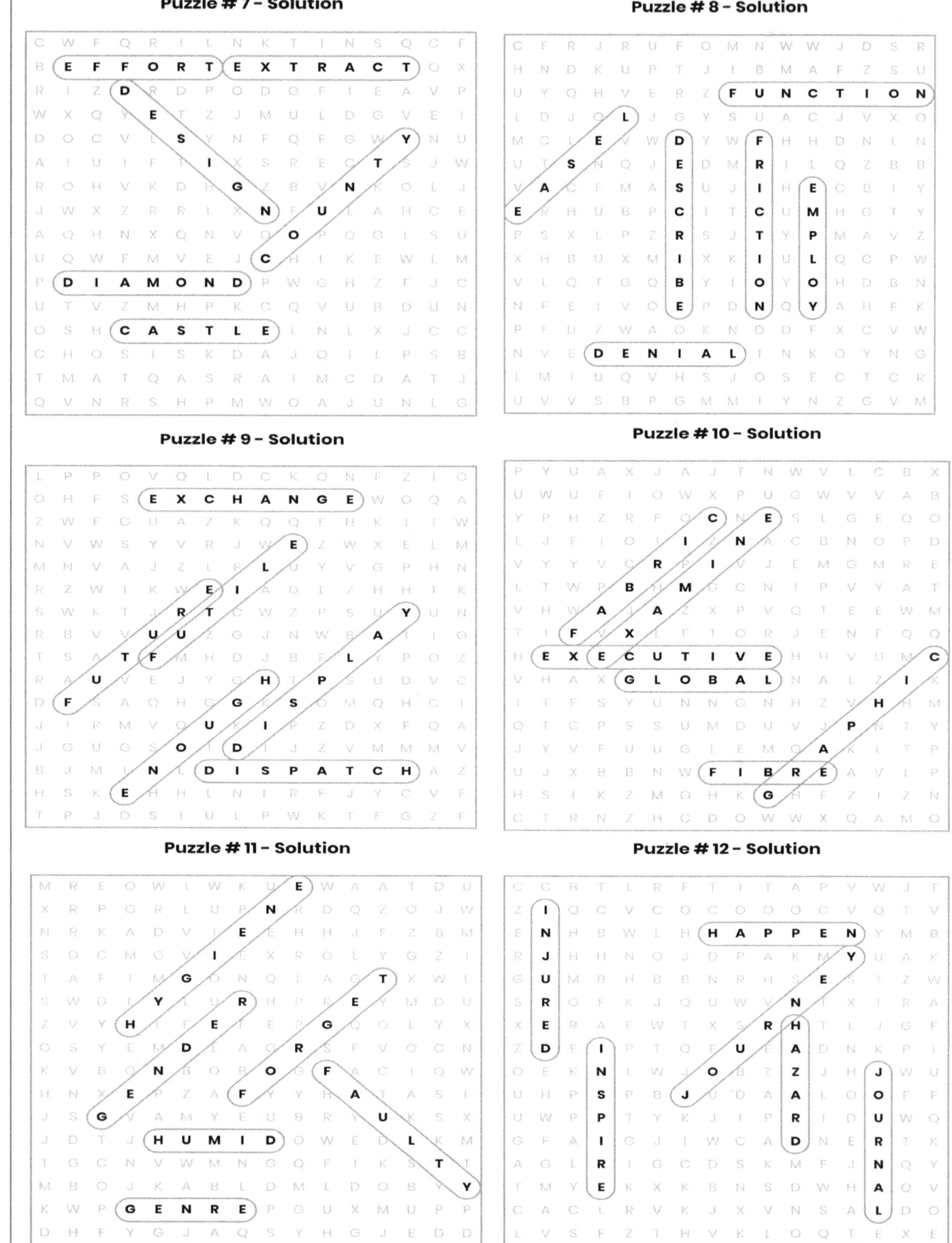

Puzzle # 13 - Solution

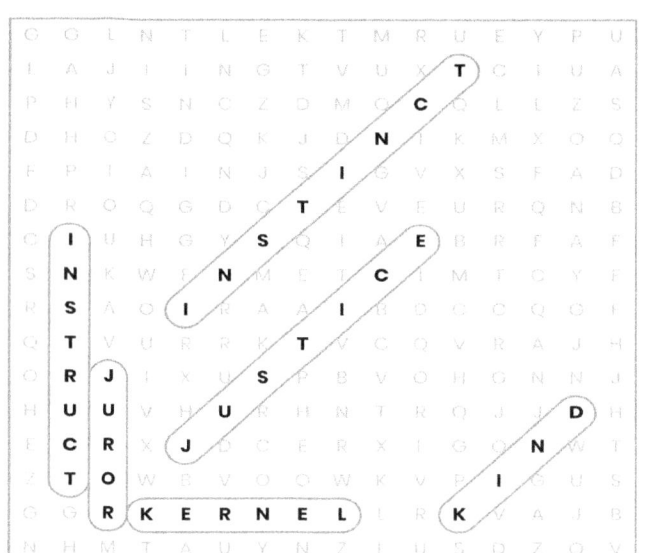

Puzzle # 14 - Solution

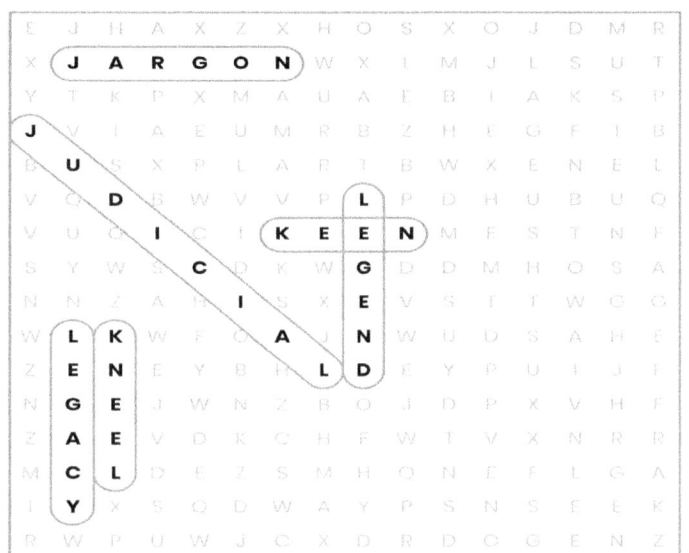

Puzzle # 15 - Solution

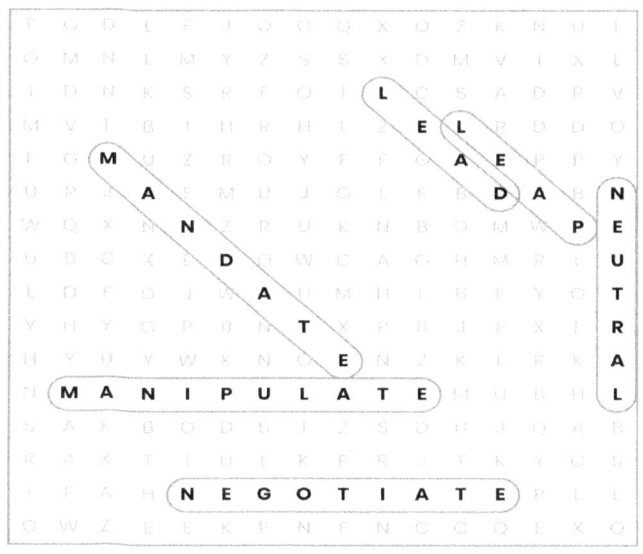

Puzzle # 16 - Solution

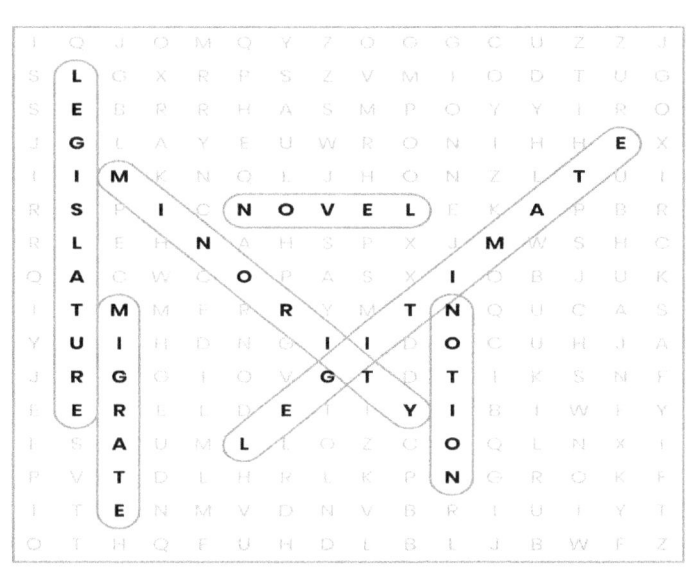

Puzzle # 17 - Solution

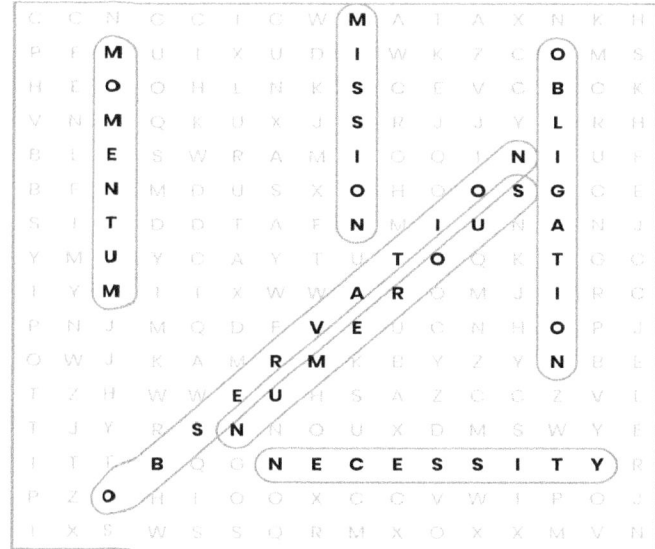

Puzzle # 18 - Solution

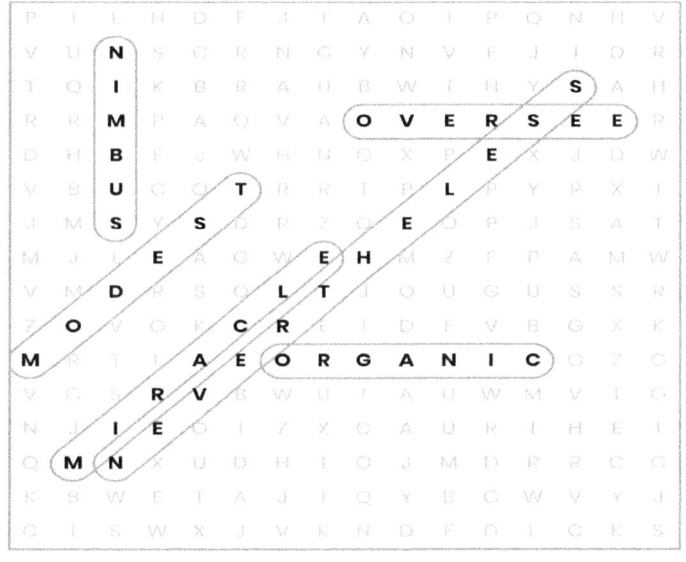

Puzzle # 19 – Solution

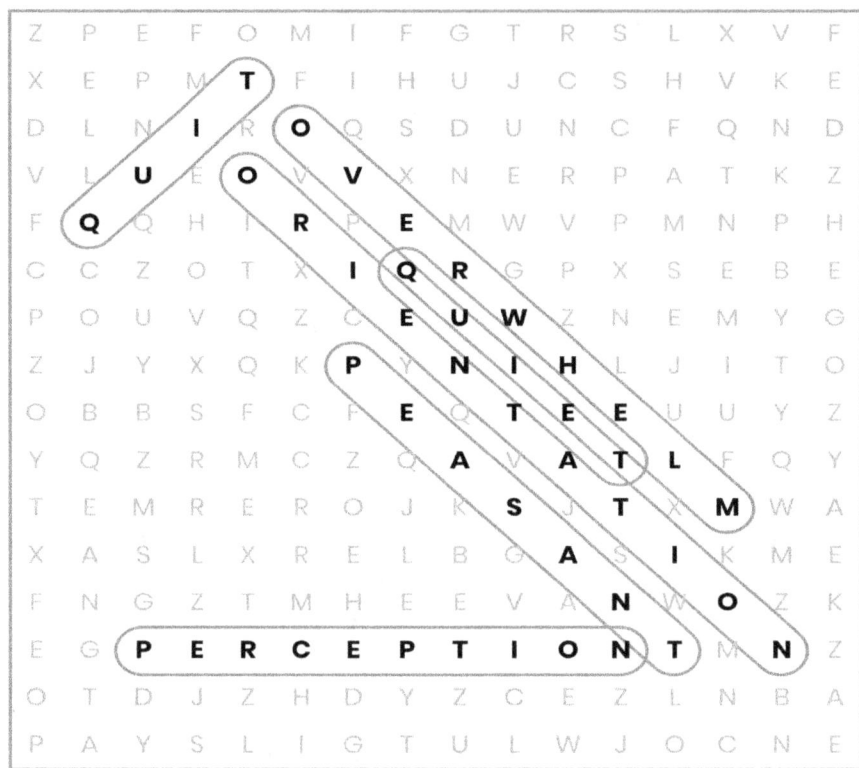

Puzzle # 20 – Solution

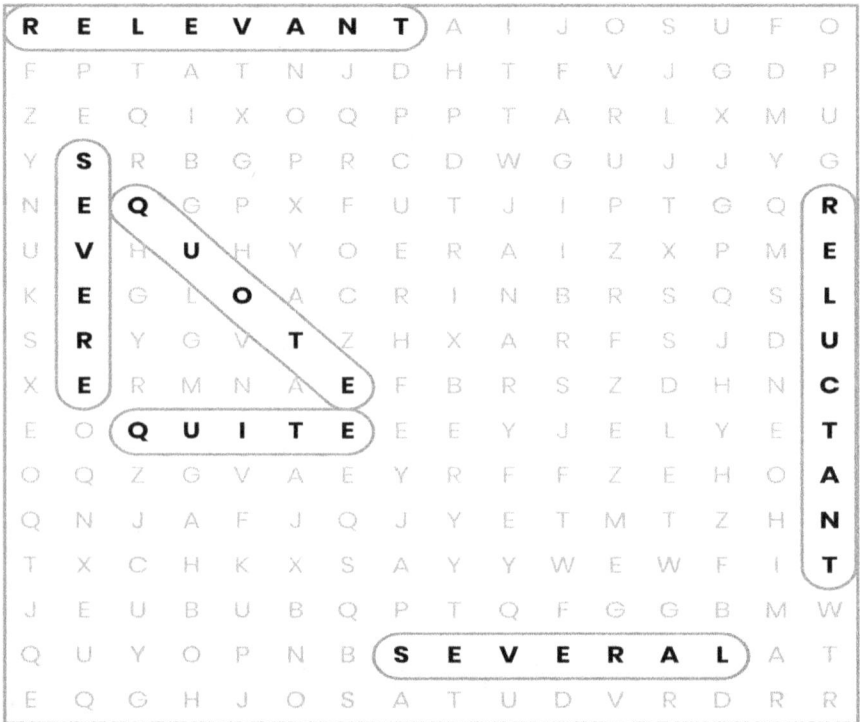

Thanks for Purchase
Scan QR code for more publications

www.ingramcontent.com/pod-product-compliance
Lightning Source LLC
Chambersburg PA
CBHW081620100526
44590CB00021B/3523